ELISIÁRIO XAVIER NETO

OBRIGADO, DEUS!

EDIZIONI WE

Para contrata o autor: elisiariocoordenacao@gmail.com

ISBN 979-12-5497-010-2
Edição em português

APRESENTAÇÃO
Por Simona Adivíncula e Nicola Bergamaschi

Queridos leitores, temos o prazer de apresentar a belíssima obra do carismático poeta brasileiro, Elisiário Xavier Neto, cujo título é: ***"Obrigado, Deus!"***

Nossos desejos é que a força das palavras de cada poema, seja fonte de iluminação, e de alimentação da fé e união entre as pessoas.

Nós, da **Edizioni We**, desejamos a todos vocês uma boa leitura!

PREFÁCIO
Pastor e Doutor Jorge de Oliveira Bezerra

Nestes tempos de ódio, falta de compaixão e miseri-córdia, surge um poeta inspirado no Mestre por Exce-lência: Jesus, escrevendo com rara sensibilidade, lin-dos poemas que tocam em nossos corações.

Na verdade, o poeta Elisiário nos presenteia com esta coletânea em meio aos dias cinzentos e faz surgir den-tro de nós um arco-íris de esperança.

Em meio à tanta vulgaridade, o poeta nos faz refletir, pensar e refrigerar nossa alma. Sua inspiração tem uma fonte inesgotável, pois ele está plantado junto a fonte da Água da Vida e, por consequência, temos na sua lavra o frescor e a ternura do Amor de Deus.

Louvado seja Deus por este poeta de mente renovada pelo Espírito Santo que nos sensibiliza com a leveza dos seus versos.

É para mim como seu pastor, um privilégio escrever o prefácio deste livro que com certeza vai balsamizar seu coração.

Que através da leitura destes lindos poemas você seja inundado do amor e da paz de Cristo que excede todo entendimento!

AGRADECIMENTOS

Agradeço à nobre **Academia de Cultura da Bahia** por ter me acolhido na pessoa do ilustre Presidente Doutor **Benjamin Batista.**

Agradeço ao **Grupo de Ação Cultural da Bahia** pela calorosa receptividade na pessoa do brilhante Presidente **Antônio Jorge.**

Agradeço também, à Prezada Escritora e Mentora **Simona Adivíncula** juntamente com o nosso Editor **Nicola Bergamaschi** da conceituada Edizioni WE por apostarem veementemente no meu trabalho.

DEDICATÓRIA

Dedico estes versos in memoriam à minha mãe **Sônia Maria**, minha tia **Zuliná** e à **Nadja Nayra** que foram as mães que tive ao longo da minha vida.

É pertinente também os dedicar à minha Esposa **Gabriela Maria**, meus quatro filhos **Pedro Alan, Greyce Giselly, Aline Maria** e **Geisiany Maria do Carmo**, minha neta **Crys Ellen**, bem como, a todos os meus familiares e amigos, pois sem o apoio dos mesmos, tenho certeza que eu não conseguiria realizar esta obra.

OBRIGADO, DEUS!

Obrigado, Deus! Obrigado, Deus!

Obrigado, Deus! Obrigado Deus!
Obrigado, Deus! Obrigado, Deus!
Baixei no mar da amargura...
Mas não me afoguei

Respirei o ar da aflição...
Mas não me asfixiei
Ingeri o álcool do abandono...
Mas não me embriaguei

Gritei o som do desespero...
Mas não me ofeguei
Acendi a chama do sofrimento...
Mas não me queimei

Degustei o alimento da decepção...
Mas não me engasguei
Operei a arma da solidão...
Mas não me machuquei

Desfrutei o fruto do pecado...
Mas não me envenenei
Escolhi o caminho do esquecimento...
Mas não me arruinei

Usei a espada da lamentação...
Mas não me cortei

Senti que nas horas mais difíceis...
O Senhor não me abandonou

Então, só posso dizer...
Ontem, hoje, agora e sempre:
Obrigado, Deus! Obrigado, Deus!
Obrigado, Deus! Obrigado, Deus!

Base Bíblica:
Josué 1: 9   Isaías 41: 10

Sara

Sara, "Princesa" de tantas ações
Sara, mãe feita para as nações
Sara que lutou com Abraão
Sara do Senhor em devoção

Mulher que sara feridas da fé
Mulher exemplo de uma mulher
Mulher que acompanha o marido
Mulher instruída pelo Divino

Reta e tão bem submissa
Reta quanto a abscissa
Reta que nem noventa graus
Reta, fez do inferno, caos

Sara, sara tudo com teu amor
Sara para Jeová, deu louvor
Sara que foi mãe já aos noventa
Sara, "Senhora" da sua crença

Base Bíblica:
Gênesis 20

A força da Mulher

Mulher que persuadiu Adão
Mulher que aconselhou Abraão
Mulher que ludibriou Sansão
Mulher que para Acabe foi assolação
Mulher que fez Davi pecar
Mulher que homens tentaram apedrejar
Mulher que salvou Moisés no Nilo a jogar
Mulher que acolheu espiões hebreus em seu lar
Mulher que por quarenta anos defendeu Israel
Mulher que recebeu a honra de gerar Samuel
Mulher que com graça e inteligência salvou seu povo fiel.
Mulher que por dedicada, guardou seu lugar no céu
Mulher que apoiou Áquila no caminho da luz
Mulher que emprestou o seu ventre ao menino Jesus
Mulher que acompanhou o divino mestre até a cruz
Mulher que pela sua devoção, a todos conduz
Mulher que dos teus ensinos, me criei
Mulher que é alma metade, apaixonei
Mulher que a este poema, dediquei
Mulher que és tão forte quanto um rei

Base Bíblica:

Gênesis 3: 6	Gênesis 16: 2
Juízes 16: 16-20	1Reis 21: 25-26
2 Samuel 11: 2-18	João 8: 3-7
Êxodo 2: 3	Hebreus 11: 31
Juízes 4: 4-5	1 Samuel 1: 19-20
Rute 1: 16	Ester 2: 17
Romanos 16: 3-4	Mateus 1: 20 João 19: 25

Páscoa

Como primeira criação, o noivo assim surgiu
Mestre de obras, com o pai, tudo construiu
O arcanjo Miguel, dos anjos, o maior que existiu
Do céu para a Terra, do ventre de Maria, emergiu
O Messias esperado de um povo que se uniu
De último Adão, pela salvação, o definiu
Quando em carne, com sede e fome, nem Satanás o seduziu.
Ao trazer as Boas Novas, muitos o seguiu
O ungido do Todo Poderoso, as mentes, invadiu
Nas casas, nas sinagogas, o evangelho dirigiu
O príncipe da paz, aos mansos, conduziu
Por não reconhecer o filho do homem, alguns o perseguiu
Pela ganância, um dos seus apóstolos o traiu
O Cordeiro deu seu corpo e sangue, mas no final sorriu.
Em três dias, o grande templo ressurgiu
Tomé só acreditou ao ver as marcas que o feriu
A esperança de vida eterna então, se abriu
Pelo Cristo ressuscitado, a profecia se cumpriu.

Base Bíblica:
João 11: 25-26

Oração do Trabalhador Prisional

Senhor Deus Pai Todo Poderoso, criador dos Céus e da Terra: Por favor, dai-me quatro virtudes para todo dia cumprir o dever desta guerra!

Dai-me humildade, sabedoria, coragem e amor!

Humildade para entender que sou menos que um grão de areia nesse imenso deserto e menos que uma gota d'água nesse vasto oceano prisional...

Sabedoria para separar o joio do trigo, discernir o certo do errado e escolher o que for melhor para o bom andamento do meu trabalho...

Coragem para enfrentar as injustiças criadas pelo sistema, as adversidades ocorridas no cárcere e não temer diante da rebelião...

Amor para sentir empatia aos desiguais, não me dando o direito de julgar, pois sei que sou fraco e imperfeito para consertar o mundo...

Senhor, dai-me humildade para viver, sabedoria para conhecer, coragem para vencer e amor para compadecer!

Peço tudo em nome de seu filho Jesus, Amém!

Base Bíblica:

1 Crônicas 29: 11	Provérbios 2: 6
1 João 4: 7-8	Romanos 12: 3
Salmos 56: 3-4	João 14: 13-16

Boas Festas!

Que todo dia seja lindo Natal!
Que o Natal seja um dia qualquer!
Que o Homenageado seja bebido nos lares!
Assim quanto a cerveja é bem servida nos bares...

Que o Menino que desceu do céu possa nos inspirar!
Que nosso hino ecoe por toda Terra a cantar!
Que todos ajudem a carregar a cruz!
Matar o peso que há dos ombros de Jesus...

Que o Ano Novo seja sempre o Agora!
Que no hoje, haja regozijo sem demora!
Que a vida seja leve como um vento brisa!
Não um forte vendaval ou grande ventania...

Que o Filho de Deus alcance seu grande objetivo!
Que amar seja real e não conceito subjetivo!
Que a paz transborde de cada um de nós!
Não de um Papai Noel vindo de trenós...

Base Bíblica:
Isaías 7: 14   Mateus 1: 21-23

Presente de Jesus

A religião nasce aqui
A fé e ação mora aqui
Na solidariedade ao ajudar
Na clara fraternidade para amar

Sejamos como o bom samaritano!
Tentemos ser o próximo puritano!
Praticar o bem será nossa bandeira
Transportar no trem os ramos da videira

Videira verdadeira do amor
Madeira da lareira do calor
Calor que aquece corações
Olor que perfuma multidões

Redentor que nos veio como modelo
Salvador digno do nosso respeito
Nós renascemos por sua alta glória
Amor daremos pela sua memória

Base Bíblica:
Tiago 1: 27

Renascimento

Renasça a cada Ano Novo!
Refaça a casa do seu corpo!
Ressurja das cinzas, Fênix!
Reforme da fraga, Ônix!

Ressuscite que nem Jesus no terceiro dia!
Rememore a sua luz que nos irradia!
Reviva a essência d'alma!
Rebrote a decência n'alma!

Renasça do próprio renascer!
Refaça as partes do teu ser!
Ressurja a todo instante!
Reforme! Seja um mutante!

Ressuscite a chama da vida!
Rememore a gama havida!
Reviva para um mundo maior
Rebrote cada segundo melhor!
FELIZ ANO NOVO!

Base Bíblica:
2 Coríntios 5: 17

Cordeiro de Deus

Príncipe da paz, traz-me a paz!
Meu mentor capaz e perspicaz...
Proteja-me das aflições!
Estanque as minhas desilusões!

Anjo Miguel, Deus menino
Santo fiel, meu caminho...
És a força do fraco
A pachorra do sábio

Primogênito de toda criação
Mestre-de-obras, Cristo da remição...
Esperança para os mortos
Liderança dos seus devotos

Emanuel, Messias, o mediador
Verbo que se fez carne para o Senhor
Seu sacrifício não foi em vão
Pois, sua luz é a nossa salvação

Base Bíblica:
1 Timóteo 2: 5   Hebreus 7: 25

Espiritualidade

Religião ou religiosidade?
Consagração ou santidade?
Religioso ou espirituoso?
Gloriado ou glorioso?

Qual seu grau na água da evolução?
Solidificação ou evaporação?
Em que altura está neste momento?
Baixo abismo ou alto firmamento?

É preciso se encontrar...
Achar-se em algum lugar
Conhecer a si mesmo...
Entender seus defeitos

Fuja do quadrado angustiante!
Veja outros lados impressionantes!
Fé na mão clemente da sacralidade
Pé no chão da espiritualidade

Base Bíblica:
2 Coríntios 4: 18   Filipenses 3: 14
Colossenses 3: 2

Oração do Bom Viver

Senhor, dai-me humildade!
Sabedoria em verdade
Coragem em densidade
Amor em profundidade

Humildade para ser pequeno...
Ameno com as palavras
Sereno nas minhas falas
Tão pleno nas enrascadas

Sabedoria para melhor escolher...
Acolher suma decisão
Acorrer numa divisão
Entender duma colisão

Coragem para seguir em frente...
Perene e com determinação
Infrene, mas sem vociferação
Solene, mas com divinização

Amor para perdoar constantemente...
Infinitamente aos que me magoam
Insistentemente aos que me caçoam
Indistintamente aos que me enjoam

Base Bíblica:
Provérbios 15: 33   2 Timóteo 1: 7

Jactância

Saia orgulho de perto de mim!
Não me deixe fendido do mundo!
Liberte-me da vaidade!
Da necessidade em me promover...

Em mostrar ser mais do que sou
Pois quem sou, não preciso dizer
O fazer, fala por mim
Por fim, não careço falar...

Esbanjar o que está posto...
Pelo gosto de me aparecer
Por deixar a esquerda bem saber
E não ver o mal em jatar o bem...

Nem perceber a parede feita
Perfeita para me separar
Para me afastar de Deus...
E dos seus ensinamentos

Base Bíblica:
Mateus 6: 1-4

A Grandeza de um Deus

Pai criador dos Céus é da Terra...
Sai vencedor em todas guerras
Ferra com os anjos renegados
Berra por seus filhos devotados

Rei dos reis que nos deu o Salvador
Senhor dos senhores, o Provedor...
Resplendor que clareia o mundo
Fecundo em suas grandes obras

O Alfa e o Ômega, El Shaddai
Adonai, o Princípio e o Fim
Elohim, Deus de toda Glória...
Da vitória do seu fiel povo

Todo-Poderoso, minha Rocha...
Tocha a me guiar no escuro
Meu tudo, Grandioso Instrutor...
Meu Pastor e minha salvação

Base Bíblica:
Jeremias 10: 6   1 Crônicas 16: 25
Jeremias 32: 17

Tatuagens Internas

Tatuei dragões nas minhas veias...
Um escorpião no coração
Uma fênix no fígado...
E Jeová e Jesus no cérebro

São tatuagens internas...
Eternas e extremas do meu ser...
Por serem tão sinceras...
Tão certas do meu bem querer

Quero ver os dragões voando...
O escorpião picando
A fênix ressurgindo
E Jeová e Jesus abençoando...

Quando meu sangue correr no meu sangue...
Lance picada, meu coração, ao mal!
Ressurja meu fígado, a cada ressaca!
Faça o afã do Pai e do Filho imortal!

Base Bíblica:
Filipenses 4: 6-7   Romanos 12: 2
Mateus 5: 8   Deuteronômio 6: 5-6

Filho do Homem

A vida é gostosa e boa...
Que nem bom café que se coa
Quem mais sabe, é quem se doa
Mesmo que o mundo cão o roa...

O velho sino ainda soa...
E não há por que ficar à toa
Nunca dormirá no chão, quem voa...
Pois quem sonha alto, ninguém zoa

A fé limpa, ninguém ensaboa...
Pois a voz que vem do céu, ecoa...
E aos arrependidos perdoa
Faz com que o pecado corroa

Tira o mal de toda pessoa...
E cada nó, desabotoa
Uma nova Terra, repovoa
Rei, que com seu povo, arrazoa

Base Bíblica:
Romanos 8

Provedor

Aquele herói, quando preciso...
O exemplo que eu quero seguir
Meu bravo "cowboy", melhor amigo...
A qualquer tempo, és meu prosseguir

Ensinou-me os primeiros passos...
E não me deixas tropeçar também
Sempre sentirei os teus abraços...
Apertados que me fazem tão bem...

Serviram para mim, de resguardo...
Regato, a banhar-me de amor
Ser um dia que nem ti, aguardo...
Engato teus conselhos com primor

Tu és um HOMEM, és uma lenda...
Do meu abrigo, a minha tenda...
Do meu sucesso, a minha senda...
PAI, das barreiras, és minha fenda

Base Bíblica:
Salmos 136: 4   Isaías 40: 28

Reconheci

Atrasei, bem na hora de sair...
Pensei: Deus sabe bem o que faz
Voltei, lembrei que algo, esqueci...
Algo que um dia amei demais

Entre imprevistos previsíveis...
Pelo moroso tempo, transcorri
Vi nos contrassensos insensíveis...
Que naquele instante, renasci

Tornei-me um homem paciente...
Da fonte da mansidão, eu bebi
Do meu eu, passei a ser gerente...
No momento em que ELE, senti

Um castelo de amor, ergueu-se...
Por achar perdão, pude me redimir
Minha aura então, floresceu-se...
Quando ao bom Cristo, reconheci

Base Bíblica:
2 Pedro 1: 5-7   Mateus 18: 21-22

Pico do Senhor

Fui até a mais alta montanha...
Escalei e cheguei ao seu cume
Vislumbrei-me com vista tamanha...
Mais bonita que de costume

Meus olhos foram massageados...
Mimados bem naquele momento:
A natureza deu seu recado...
Soprando em brisa, o seu vento

Aves fizeram uma orquestra...
Regidas pelo grande Salvador
Foi tão linda aquela seresta...
Promovida pelo nosso Senhor

As árvores se sacolejavam...
Livres, vibrantes e ritmadas
Em valsas perfeitas, dançavam...
Pelo Verbo, coreografadas

Base Bíblica:
Lucas 17: 6   Mateus 21: 21

Honra

A palavra é assinatura...
O aperto de mãos, confirmação
Olho no olho é formosura...
É a certeza da execução

Dinheiro aguça a usura...
E o poder se faz de tentação
É preciso ler as escrituras...
Cumprir o falar, é obrigação

Quem sou eu sem minha lisura?
Aonde vou com tanta ambição?
O pouco com Deus tem mais fartura...
Mais vale o pão quando tem oração

O pecado só traz amargura...
Nele, alguns vivem em aflição
Antes de descer à sepultura...
É melhor fugir da oscilação

Base Bíblica:
Provérbios 17: 1

Conversão

É hora de cumprir os ensinos...
Do filho de quem a todos conduz
Mesmo diante de empecilhos...
O cristão não cai no que o seduz

Nada pode apagar seu brilho...
Por ser reto, o mal, sempre reduz
Ele não fala por trocadilhos...
Nem muito fácil, alguém o induz

Quem é o homem sem o divino?
É momento de aceitar Jesus...
E como um fiel andarilho...
Ajudá-lo a levar sua cruz

É tempo de ser um paladino...
E segui-lo em direção à luz
Quem aprende com o Deus menino...
O seu verbo com amor, reproduz

Base Bíblica:
Mateus 28: 19-20

Arcanjo Miguel

Não quero ser perigo para ti...
Mas, o herói em frente ao medo
Pretendo ser teu começo sem fim...
E confidenciar teus segredos

Espero que você ame a mim...
Que nem criança a um brinquedo
Das batalhas, não pense em fugir...
Pois serei teu forte rochedo

Quando estiver para desistir...
Falarei que ainda é cedo
Se o escuro te afligir...
Sol serei, da cabeça aos dedos

Enquanto estiver a existir...
Se o mal vier, eu emparedo
Sou o caminho que há de seguir...
Em verdade e vida, excedo

Base Bíblica:
1 Timóteo 2: 5   Hebreus 7:25
1 João 2: 1

Ao Pai em Nome do Filho

Jeová, em ti, eu tento chegar...
Sei que não mereço tua unção
Na tua morada, quero estar...
E muito seguir, tua direção

Jeová, sou fraco para lutar...
Mas, tenho coragem no coração...
Pois tu me dás força para brigar...
Mostrar tua palavra em ação

Jeová, preciso te agradar...
Do teu querer, ter subordinação
Diversos longos passos, vou andar...
Para ganhar tua aprovação

Jeová, guie-me ao teu lugar...
Para te honrar em adoração
Peço em nome de Jesus, teu lar...
O meu Paraíso de Salvação

Base Bíblica:
Mateus 7: 7-8   João 14: 13-14

Pedidos ao Pai

Pai, cubra-me com tua justiça!
Vista-me com tua armadura!
Tira-me do peito, a preguiça!
Livra-me da má noite escura!

Pai, Lavra-me com tua palavra!
Semeie amor no meu coração!
Faz-me bom fruto que te consagra!
Traz-me teu Reino de Adoração!

Pai, unte-me com óleo de flor!
Enche-me com Santo Espírito!
Cure-me com um som de louvor!
Guie-me a ser benemérito!

Pai, leve-me ao Monte Sagrado!
Mostre-me do Céu, tua Glória!
Ligue-me ao teu Filho Amado!
Dê-me a Coroa da Vitória

Base Bíblica:
Marcos 11: 24   Efésios 3: 20

O que é? O que é?

Verdade que não precisa provar...
Pois é a própria veracidade
Calmaria pelo que vai chegar...
Mesmo diante de tempestades

É a força que move montanhas...
Dando-nos, o completo sustento
Do cão, nos protege das artimanhas...
O mal, varre num sopro de vento

Sagrado segredo que consagra...
A certeza do que se espera
Acreditar só pela palavra...
No que foi ensinado a eras

Imperturbado é quem a veste...
Cobrindo-a por todo o corpo
Perto estando do Pai Celeste
E do seu Filho Rei Anjo Novo

Base Bíblica:
João 10: 30   João 16:15

Aceitei a Cristo

Virei as costas para meus atos...
Comportei-me feito um menino
Insisti com os meus desacatos...
Ao recusar pousar no seu ninho

Sobrevivi a tantos gargalos...
Estava sem rumo e sem tino
Meus pés andavam cheios de calos...
E eu, desprotegido e sozinho

Depois de perecer a frangalhos...
Tive que aceitar meu destino
Vi na vã vida, muitos atalhos...
Mas descobri: só há um Caminho

O meu Salvador abriu os braços...
Fez do seu abraço, meu abrigo
Agora, eu sigo os seus passos...
Pois ele é o melhor amigo

Base Bíblica:
João 1: 12   Romanos 10: 9

Tenha Fé!!!

Mulher, tenha muita fé!
E se assim, já tiver...
Tenha ainda muito mais!
Pois a fé nunca é demais

Fé para poder mover os montes...
Fé para achar uma saída
Fé para ter e ver horizontes...
Fé até na hora da partida

Fé para atravessar as pontes...
Fé para cicatrizar feridas
Fé para beber de Deus, a fonte
Fé até no dia da descida

Fé ainda que tenha perdido...
Pois Deus é quem dá a vitória
Fé neste momento de gemidos...
Para no Pai, ficar na memória

Base Bíblica:
2 Coríntios 5: 7   Hebreus 11: 1
Mateus 17:20

Tenha Fé!!! II

Para que esta ansiedade?
Deus não te dará o que você quer?
Não importa a necessidade...
Basta apenas que viva a fé

Não se preocupe! Pois, já deu certo...
Ele causa o que venha a ser
Não se perturbe! Já está perto...
De ganhar o que fez por merecer

O teu galardão logo chegará...
É só continuar O seguindo
No chão da terra ou no fundo do mar...
Seu amor sempre será bem vindo

O Pai deu a certeira certeza...
O Filho veio e reconfirmou
Então, quando houver correntezas...
Lembre-se que teu barco tem Remador!

Base Bíblica:
Hebreus 11: 6   Mateus 15:28

Vigiando-me

Entrevista para um emprego?
Consigo chegar no horário
Ao voltar para o aconchego?
Voo rápido, tal canário

Ao ver algo interessante?
Meus olhos ficam super atentos
Tendo fome e sede gritante?
Sacio meus desejos sedentos

Então, por que atraso ao culto?
Minha entrevista com Jeová...
Quando falto, ajo com insultos...
A quem pede para me ajuntar

Ao assistir, logo o sono vem...
Nesta hora, preciso vigiar...
Orar para não pensar com desdém...
Nem de Deus, deixar de me sustentar

Base Bíblica:
Provérbios 4: 27   Romanos 8: 5
1 Coríntios 7: 20

Servo

Pai, cubra-me com teu espírito!
Pois sozinho, eu não conseguirei
Ensina-me a ser solícito!
Sem ti, é claro que nunca serei

Sou um pobre e fraco pecador...
Um servo preso numa caverna...
Porém, tu me destes O Redentor...
A certeza da vida eterna

Teu filho veio para me salvar...
Para me tirar da escravidão...
Foi enviado por ti, Jeová...
Teu segundo e último Adão

Agora, meu desejo se compraz...
Por saber O Caminho a seguir:
O meu Mestre e Príncipe da Paz...
Que tua palavra se fez cumprir

Base Bíblica:
Romanos 12: 16   Romanos 12: 3
Filipenses 2: 5-7

Votos de Casamento

No início, o PAI falou que:
Nós seríamos uma só carne
O FILHO veio e ratificou:
DEUS uniu, o homem não separe

Digo conforme está escrito...
Em Mateus 5:37
Não quero falar bonito...
Porém sim, que bem me interprete

Prometo te amar e respeitar...
Que nem CRISTO amou a Igreja
Vou ser teu par para te resguardar...
O Boaz da Rute indefesa

Serei louvor para te agradar...
A massagem para teus ouvidos
Irei aonde quer que você vá...
Só para ver em ti, um sorriso

Base Bíblica:
Gênesis 2: 21-24   Mateus 19: 4-6
Marcos 10: 6-9

Guiador

Prostro-me diante de ti, Senhor...
Para pedir Espírito Santo
Sei que não mereço o teu favor...
Mas deixe deitar em mim, teu manto!

Cubra-me de bondade e amor...
Para que eu te louve com bom canto!
Faça-me o teu grande seguidor!
Transforma-me com o teu encanto!

Só, sou só pó, argila ou barro...
Que qualquer vento pode levar...
Mas contigo, sou um lindo vaso...
Raro, do melhor oleiro que há

Dirija-me como a um carro!
Meu volante, o Senhor guiará...
E me libertará dos maus casos...
Que no caminho eu possa achar

Base Bíblica:
Gênesis 2: 23;24   Rute 1: 16;17
Mateus 5: 37   Mateus 19: 6
Efésios 5: 25

Profissão de Fé

Decidi! Mergulharei nas águas
Conheci! Senti o Filho de Deus
Fui libertado das mágoas...
Convidado para ser um dos seus

Hoje, professo a fé no Ide...
Testemunhando do Verbo Vivo...
É o pouco que ele exige...
Do pregar, ser o objetivo

Não retrocederei a palavra...
Vou ajudar a carregar a Cruz...
Mesmo a via sendo macabra...
Irei no caminho até Jesus

A decisão já está tomada...
Eu serei ovelha do Bom Pastor...
E minha graça será selada...
No Livro da Vida do Salvador

Base Bíblica:
Romanos 10: 9-10   Mateus 10: 32

Batismo

Hoje, morrerei para o mundo...
E para meu Deus, ressuscitarei
Limparei meu coração imundo...
E meus pecados, renunciarei

Serei sepultado por imersão...
Mas ao sair das águas, viverei...
Servo de Cristo em submissão...
As Suas Ordens, obedecerei

Aio do Rei da Eternidade...
Em adoração, eu me prostrarei...
Orarei com toda densidade
E Sua Morada, alcançarei

Mesmo que tenham outras "verdades"...
A Sua Verdade defenderei
Nas casas, nas ruas e cidades...
O Seu grande amor, eu pregarei

Base Bíblica:
Mateus 3: 13   Mateus 28: 18-20
Atos 8: 12-13

Depois do Batismo

Caí nas graças do Pai Jeová...
Mediado por seu Filho Cristo
Saí das águas e enjeitei lá...
Os pecados de que me contristo

Caí! Que queda maravilhosa!
Certo de que iria levantar
Saí! Que sensação preciosa!
Tão gostosa para saborear

Caí como escravo do mundo...
Saí sendo servo do Bom Jesus
Saí do mal escuro profundo...
E encontrei a infinita luz

Caí com um arrependimento:
Deveria ter caído antes
As águas limparam meu tormento...
Saí pela Fé mais radiante

Base Bíblica:
Atos 2: 38-39   Marcos 16: 16

Julgamento

Será que vale mais o que pensam...
Ou as nossas verdadeiras ações?
Deus sabe os que o seguir, tentam...
E entende todas as intenções

O Senhor sonda nossos corações...
Ele conhece o nosso íntimo
É melhor ler os Seus Grandes Sermões...
Do que ouvir conselhos ínfimos

Quem quer aprovação dos homens...
Esquece da aprovação de Deus
Jesus sempre andou em retidão...
Mas não foi aprovado pelos seus

Quem buscar nas pessoas, agrado...
Por fracasso, ficará infeliz
É Jeová quem sabe de fato...
Qual é a nossa melhor diretriz

Base Bíblica:
1 Samuel 16: 7   Jeremias 17: 10
Romanos 8: 27

ELE É

JEOVÁ não é para entender...
Mas sim, suas ordens, bem atender
É mistério a compreender...
Se sua palavra, apreender

ELE não nos dá o que queremos...
Mas, o que de fato, precisamos...
Pois sabe o que nós não sabemos...
E pensa como nós não pensamos

ELE nos dá tempo para vencer...
Pois é tempo e Senhor do tempo
Não tem começo, nem fim a saber...
Pois é dono de todos os ventos

ELE É poder em espírito...
E liberação do mesmo poder
ELE É Senhor dos Exércitos...
E a glória no alvorecer

Base Bíblica:
Êxodo 3: 13-14

Bom dia, SENHOR!

PAI, dê-me a tua plenitude!
Mais coragem sem inquietude
Dê-me vontade e atitude...
E coração com solicitude

Leve-me à tua altitude!
Faça-me amar com amplitude!
Quero ter a tua completude...
E ver a tua excelsitude

Quero beber das tuas virtudes!...
Saborear tua licitude...
E diante das vicissitudes...
Bem agir com toda placitude

O SENHOR tem a infinitude...
Para dar eterna juventude...
Aos que te servem com retitude...
E te louvam com magnitude

Base Bíblica:
Salmos 147: 5

RABI

A TI foi dada autoridade...
Toda honra nos Céu e na Terra
TU és meu Rei da Eternidade...
O Vencedor de todas as guerras...

O MESSIAS por DEUS aprovado
O Caminho que eu devo seguir...
A Verdade que tenho buscado...
E Causa da palavra se cumprir

Derramaste o teu Sangue por mim...
Tirando assim, os meus pecados...
Por isto, será sempre meu RABI...
O MESTRE que tem me ensinado

Quero servir aos Teus Mandamentos...
Para a Glória do PAI, honrar...
Sem murmúrios e nem lamentos...
Para o Teu Galardão alcançar

Base Bíblica:
Mateus 28: 18-20

Oração

Suplico-te, Jeová, com amor...
Receba esta minha oração!
Afirmo-te para onde eu for...
Em prova da minha adoração

Chego perto da tua PRESENÇA...
ONIPRESENTE no meu coração...
Para gratular minha nascença...
Que o SENHOR me deu por galardão

Agradeço também por estar aqui...
Fazendo parte desta união...
Do teu fiel povo a TE servir...
Bem feliz na grande tribulação

Aproveito para solicitar:
Fortaleça nossa congregação!
Dê-nos sabedoria no falar...
Para levar teu nome em ação!

Use-nos para administrar...
Nossas casas em tua devoção!
Teu ESPÍRITO SANTO, faz brilhar...
Dando a todos o dom do perdão!

Oh SENHOR, SANTO ONIPOTENTE!
ONISCIENTE em saber além...

Peço a salvação de presente...
Em nome do meu REI JESUS, amém!

- 41 -

Base Bíblica:
Mateus 6: 7-8

Alma Incorruptível

Minh'alma é maior que o mundo...
Eu não te ouço, pai da mentira
Tu desalmas corações profundos...
E Quem louvo, enche-o de ira

Minh'alma não escambo por prata...
Nem ouro me leva à perdição
Seria uma alma ingrata...
Se me vendesse para ambição

Minh'alma não é alienada...
Para perder seu abraço terno
Todo o mundo é quase nada...
Perto dum Paraíso Eterno

Minh'alma presto ao Pai das Luzes...
Como prova da minha devoção...
E mesmo que eu carregue cruzes...
Não me renderei a corrupção

Base Bíblica:
Marcos 8:36   João 16:33

Poder de Deus

Espírito Santo, constrange-me!
Se eu errar, cinge meu coração!
Espírito Santo, abrange-me!
Se eu pecar, venhas em oração

Preciso ser revestido por ti...
Por tua couraça de justiça...
Para que meus rivais venham a mim...
E eu os ame com paz castiça

Espírito Santo és meu broquel...
Meu anel de aliança com Deus...
A força para chegar em Betel...
E a coragem vinda dos Hebreus

Tu és do Cristo, o Consolador...
Dos profetas, razão dos milagres
Dado pelo Grandioso Senhor...
A anciãos, pastores e padres

Base Bíblica:
João 14: 16-26   Efésios 4: 30

Fôlego

A vida é um leve assopro...
Soprado pelo Senhor da vida
Deguste este ar precioso!
Sinta sair das tuas narinas!

Encha os pulmões de satisfação...
E solte ares de alegria!
Deus lhe deu o dom da superação...
Para viver com sabedoria

Inspire! Expire! Inspire-se!
Agradeça por sentir este ar!
Suspire! Transpire! Respire-se!
Aproveite o valor deste ar!

Então, aprecie o fôlego!
Perceba-se enquanto vivente!
Pois a vida vai que nem córrego...
Depois de dar adeus a nascente

Base Bíblica:
Gênesis 2: 7   Jó 33: 4

Igreja Filadélfia

Sou anciã por tais anos feitos...
Perfeitos na verdade de Jesus...
Que é Luz para os seus eleitos...
Direitos ao levarem sua Cruz

Sou anciã com brilho de noiva...
Esperando o meu Noivo chegar...
Sempre disposta a qualquer coisa...
Para sua vontade, agradar

Sou anciã e uma menina...
Com a sina do Cristo, imitar...
O quanto tão bem, ele ensina...
Para o seu povo, recuperar

Sou anciã querida pelo Pai...
Umas das suas sete Igrejas...
Que por ele, levanta e não cai...
E que do seu bolo, é cereja

Sou anciã de portas abertas...
As minhas portas, não hão de fechar...
Pois eu tenho ovelhas alertas...
Que seguem ao Bom Pastor Milenar

Sou anciã que fui escolhida...
Para a sua palavra, guardar...

Ganharei a coroa da vida...
Nesta Casa, que é de Jeová

- 46 -

Base Bíblica:
Apocalipse 1:11   Apocalipse 3: 7;11

Em homenagem ao aniversário da Igreja Batista Filadélfia:
Primeira Igreja Batista de Salvador

Confie em JEOVÁ!

O mal fez Acabe se acabar...
O mal da desobediência...
Não deu ouvidos a JEOVÁ...
Então entrou em decadência

Micaías ia aconselhar...
Das suas tais incoerências...
Mesmo ao lado de Jeosafá...
Agiu com tola imprudência

Na batalha tentou se ocultar...
Dum vate, não teve clemência...
Mas uma flecha foi o encontrar...
Ao pôr do sol, viu sua falência

Não há couraça para guerrear...
Se do PAI, não houver gerência...
DELE vem a força para lutar...
E o agir com sapiência

Base Bíblica:
2 Crônicas 18

Brasas Vivas

Ei, Igreja! Acorda Igreja!
Seja povo fiel de JEOVÁ!
Ei, Igreja! Acorda Igreja!
Veja como é bom se ajuntar!

Troque o teu pânico pela fé!
DEUS é o médico dos médicos
Se estiver sem carro, vá a pé!
Não proceda que nem um cético!

Continua a se alimentar!
A comer do pão espiritual...
Para poder se fortificar...
E se ligar ao PAI CELESTIAL

O perigo está em todo lugar...
Porém, o ONIPRESENTE também
Mesmo que venha trazido do ar...
O MEU SENHOR cuidará do meu bem

Base Bíblica:
Hebreus 10: 25

Porta Estreita

Não ouça o príncipe do mundo!
Obedeça ao Príncipe da Paz!
Não seja que nem um vagabundo!
Não viva à mercê de satanás!

A porta estreita está perto...
Larga é a porta da perdição...
É só andar no caminho certo...
Você tem a chave da Salvação

Coma dos frutos do Espírito...
Até se saciar por completo!
Siga Quem curou paralíticos...
E de amor, estará repleto

Anele teu coração em Jesus...
Que é luz para clarear o breu...
Seus ensinamentos, a ti, conduz...
E produz um novo homem de Deus

Base Bíblica:
Isaías 9:6
Mateus 7:13-14
Efésios 4:24

João 14:30
Gálatas 5:22

Nova Terra

Encontrei em mim, uma resposta...
Uma suposta forma de querer...
De viver mais que uma proposta...
Ou aposta para ter que vencer

Fiz do PRÍNCIPE DA PAZ, guarida...
Querida pela eternidade...
Numa cidade desconhecida...
Erguida pela fraternidade

Lá, dor e morte não existem mais...
Ademais, a sede é desfeita...
E a colheita se dá por demais...
Aos mais justos de nução perfeita

Nessa Terra, ninguém sente fome...
O que se come, é PÃO DA VIDA...
Tida através do SANTO NOME...
Do HOMEM que é o PAI DA VIDA

Base Bíblica:
Isaías 9: 6   Apocalipse 21: 1, 4 e 6
João 14: 6

Santo Herói

Meu Herói não veste uma capa...
Nem tem identidade secreta...
O seu falar é a sua arma...
Quem ouve, logo se afeta

Meu Herói perdoou aos seus rivais...
Lavou os pés dos seus discípulos...
Ele sofreu perseguições brutais...
Escritas em retos versículos

Meu Herói é Rei do impossível...
Venceu a morte dando a vida...
Para os seus, é imprescindível...
E Sua Palavra é seguida

Meu Herói, deu-se em sacrifício...
Carregando por amor, uma cruz...
Em razão do meu benefício...
Por isso, sou grato ao bom Jesus

Base Bíblica:
Mateus 5: 43-45   Mateus 20:28
Mateus 27: 29-30   Lucas 6:35
João 10: 27, 28

Momento com JEOVÁ

Chego ao PAI de olhos fechados...
Corpo curvado, joelhos no chão...
Meu desvelo está concentrado...
É o meu momento de oração

Em silêncio, falo com ELE...
Por cada segundo, agradeço...
Bebo da água que tenho sede...
Mesmo sabendo que não mereço

Peço graças em nome de Jesus...
Confio que JEOVÁ atende...
Nos dédalos, ELE é minha luz...
E seu FILHO, meu melhor presente

Neste instante, encontro a paz...
Fico completo em meditação...
Estou com o ALTÍSSIMO veraz...
SUPREMO em toda exortação

Base Bíblica:
Isaías 42:8   Salmo 47:2
Daniel 7:18   Mateus 6:9

YAHVEH É AMOR

Preciso vencer alguns sofismas...
Mentiras que parecem verdades...
De tanto que são ditas, malditas...
Adulteram a realidade

JEOVÁ não quer o mal de ninguém...
Pois ELE é o próprio amor...
O acaso a todos, sobrevém...
Não culpemos ao nosso bom SENHOR

O homem semeia o que planta...
DEUS permite as suas escolhas...
E se orarmos, JAVÉ suplanta...
Toda dor até que se recolha

ALÁ é imparcial que retém...
A equidade com muito valor...
É o PAI almo que sempre provém...
O pão ao justo e ao pecador

Base Bíblica:
Salmos 36: 7   Salmos 63: 3
Salmos 86: 15   Salmos 136: 1
Eclesiastes 9: 11   Miqueias 7:18
João 3:16   Romanos 5:8
2 Coríntios 13: 11   Efésios 2: 4-5
1João 4: 7-8   1João 4: 10
1João 4: 15-16   1João 4: 19

Lembraram de DEUS

Eles esqueceram que eram seus...
Presos porém, lembraram de DEUS...
Nas suas casas, lembraram de DEUS...
Desprotegidos, lembraram de DEUS

Na pandemia, lembraram de DEUS...
Quem não vem por amor, vem pela dor...
Vem na morte na hora do adeus...
Vem para ser salvo pelo SENHOR

Aqueles que se diziam ateus...
Diante do mal, lembraram de DEUS...
Sem ter saída... lembraram de DEUS...
Ao se perderem, lembraram de DEUS

Na agonia, lembraram de DEUS...
Pois DEUS, é sinônimo de amor...
É perdoador para com os seus...
Pois é DEUS, digno de valor

Base Bíblica:
Salmos 18: 6   João 16: 33

Acordei

Estava dormindo no vazio...
Numa cama de mentiras, deitei...
Mas veio a chuva e o frio...
E neste momento, acordei

Acordei e vi uma Estrada...
Um Caminho, um Rumo a seguir...
Até completar minha jornada...
Até ver minha vida esvair

Encontrei direção nesta Senda...
Não entrarei em falsos atalhos...
Tentarei me abrigar na Tenda...
Nela, encontrarei agasalho

Minha Senda é meu Mestre JESUS...
Minha Tenda é meu Pai JEOVÁ...
A perfcita Fortaleza de luz...
Que meu coração, faz iluminar

Base Bíblica:
João 14: 6

Brasas Vivas 2

Quantas vezes o galo já cantou?
Não somos diferentes de Pedro...
O CORDEIRO, ele abandonou...
A fé era menor que o medo

Cautelosos que nem uma serpente...
Alegando conselhos de JESUS...
Esquecendo do que é ser crente:
Cada um deve carregar a cruz

Quem é fiel, precisa ser audaz...
Então disse o PRÍNCIPE DA PAZ:
"Quem a quiser salvar, perde-la-á...
E quem a despossar, salava-la-á

Melhor a morte que a nascença...
Não podemos deixar de ajuntar...
Pois isto é vezo da descrença...
Carecemos do PAI, glorificar

Ei, Igreja! Acorda, Igreja!
Sejamos sinceros a Jeová!
Ei, Igreja! Acorda, Igreja!
A obra de Deus não pode parar

Base Bíblica:
Lucas 22: 56-60
Lucas 9: 23
Eclesiastes 7: 1
Mateus 5: 16

Mateus 10: 16
Mateus 16: 21-28
Hebreus 10: 25-27

Deus Fala Conosco

Se o mundo, eu quiser conquistar...
Decerto minh'alma, hei de perder...
Há muitas barreiras a derrubar...
E uma batalha para vencer

Vou seguir esta longa estrada...
Este percurso, devo percorrer...
Mesmo que tenham muitas ciladas...
Andarei reto sem retroceder

Uma bússola para me guiar...
E vida eterna a merecer...
O PAI diz como devo caminhar...
Através do que tenho para ler

São conselhos perfeitos sagrados...
Guardados num livro sem mídia...
Mas, o "best-seller" mais usado:
A Palavra de DEUS, a Bíblia

Base Bíblica:
Salmos 119: 105   João 17: 17

Refúgio

Prostro-me diante de Ti, SENHOR...
Quero chegar a Tua presença...
Rogo-te que cuide de mim, SENHOR...
És Rocha que firmo minha tenda

Eu sei que ela não irá cair...
E quando chover, não gotejará...
Pois És O Telhado a me cobrir...
Com o Teu Amor me protegerá

SENHOR, em Ti, fiz meu Refúgio...
Não pretendo mais mudar de Casa...
Nem vou buscar subterfúgios...
Para não estar nas tuas Asas

E quando o maremoto vier...
Ou o terremoto aparecer...
Farci dc tudo que eu puder...
Para o teu Nome, engrandecer

Base Bíblica:
Salmo 91

Nova Criatura

Bebi o Clarão do infinito...
E me saciei com aquela Luz...
Ali, foi meu dia mais bonito...
Dia que me encontrei com JESUS

Eu, diante da Sua Presença...
Era apenas miniatura...
Um ser pronto para a nascença...
Homem a ser nova criatura

De repente, fui abençoado...
Ele perdoou minhas transgressões...
Pois é o Filho do Pai amado...
Do Todo-Poderoso das Nações

Daquela Água, sempre beberei...
Para meu Espírito, hidratar...
Pois ela brota da fonte do Rei...
Do Unigênito de JEOVÁ

Base Bíblica:
2 Coríntios 5: 17   Gálatas 6:15

Cracolândia

Necessitados de roupa, de pão...
Do Pão da Vida, necessitados...
Nas esquinas, eles dormem no chão...
Sem chão, sem lar, os descamisados

Vidas à satanás, agarradas...
Escravas do seu mundo de horror...
Perdidas ovelhas desgarradas...
Longe Daquele que é o Pastor

Quem não se curva, tal qual faraó...
Terá outrossim, o seu galardão...
Quem não buscar o Caminho Melhor...
Verá em seu fim, a destruição

Porém, nada está terminado...
"Enquanto há fé, há esperança"...
Não importa se é um drogado...
Jesus sempre trará a bonança

Base Bíblica:
Tiago 2: 14-26

Cracolândia 2

Soldados do Cordeiro, armados...
Na guerra contra o acusador...
Com rifles, da Paz, municiados...
Alvejando quem chora em clamor

O ataque é feito com o bem...
Encurralando-os com abraços...
Crianças se fazem gratas reféns...
Aos que se fazem gentis palhaços

No fim, todos saem vencedores...
Os ceifadores e os ceifados...
Arrancados daqueles temores...
Tremores pelo crack, causados

A batalha é sempre do homem...
Mas a glória é sempre de DEUS...
Enquanto as drogas os consomem...
ELE dá ânimo aos filhos seus

Base Bíblica:
Tiago 2: 14-26

Meu Cais

Cristo me resgatou no resgate...
O Último Adão, por mim, sofreu...
Diante daquele vil embate...
O Cordeiro açoitado gemeu

Hoje, eu tenho a esperança...
Do meu Jesus, um dia, encontrar...
Alegre, feito uma criança...
Com os amigos ao ter que brincar

Serei sempre um fiel súdito...
Daquele que é Príncipe da Paz...
Se a maré vier em súbito...
Meu barco ancorará Nesse Cais

E ao chegar ondas agitadas...
Provocadas pela tempestade...
Farei Desse Cais, minha morada...
Como também, a minha cidade

Base Bíblica:
1 Timóteo 2: 6

Minha Religião

Eu tenho a minha religião...
Contudo, não sou religioso...
Jesus veio para dar solução...
A um mundo bem malicioso

Religiosidade separa...
Entretanto, Cristo traz união...
Religiosidade repara...
Porém, o Filho faz transformação

Toda doutrina tem suas regras...
A regra do Cordeiro, é amar
A crença, à culpa, o integra...
Mas Ele veio para perdoar

Jesus é a minha religião...
Nele encontrei o bom caminho...
Para achar a libertação...
Do pecado, que vivi sozinho

Base Bíblica:
1 Coríntios 13

Glória do Pai

Duvide do Covid!
Ele não é maior que Jeová...
Revide do Covid!
Deus é quem sempre te protegerá

Não importa o beijo da morte...
Se abraçado a Deus, você está...
E mesmo que a dor seja forte...
Ele dá forças para suportar

A vida é só uma viagem...
Deus tem passagem para Glória...
Não se preocupe com a bagagem...
Mas em mudar, tua história

É momento de se arrepender...
Ao Todo-Poderoso, adorar...
Quando tua vista escurecer...
Então a Luz do Pai, você verá...

Base Bíblica:
Mateus 24: 13   Deuteronômio 1: 36

Incompetentes

Ouvi o gorgeio de passarinhos...
No leve despertar desta manhã...
Som que ao ouvido, fez carinho...
Orquestrado por um maracanã

Senti na brisa, refrigério...
Em compensação daquele calor...
A sensação foi um mistério...
Diante daquele terno frescor

Nota dum dia ensolarado...
Com direito a breves chuviscos...
Ao Paraíso, equiparado...
Com todas ovelhas no aprisco

Pensei: Deus nos deu um Paraíso...
E nós transformamos num inferno...
Deus deu tudo que era preciso...
Até o dom de sermos eternos

Base Bíblica:
Gênesis 2: 9   João 3: 16

Âncora

Se não for luz, é treva...
Se não for bem, é mal...
Ou é flor ou daninha erva...
Ou é do Pai ou de Baal

Não dá para agradar a todos...
Então, agradarei a Jeová...
Pois Ele me dará o socorro...
Em qualquer tempo que eu precisar

Prefiro ser soldado de Cristo...
Do que ser escravo de Satanás...
Por isso que a ele, resisto...
E persisto no Príncipe da Paz

Carregarei a minha estaca...
Mesmo que cansado, possa ficar...
Quando o mar vier em ressaca...
No meu bom Jesus, vou me ancorar

Base Bíblica:
Mateus 6: 24

Sumo Sacerdote

Mesmo com minhas inquietudes...
Não tropeço na Pedra Angular...
Tenho fé nas retas atitudes...
Do bom Leão da Tribo de Judá

Sou fiel súdito do Rei dos reis...
Parte do Corpo do meu Cabeça...
Por isto, obedeço suas leis...
Para que jamais bem eu, careça

Quando vem falso, o acusador...
O Senhor é meu advogado...
Meu Justo Juiz e Libertador...
Redentor de todo meu pecado

A Imagem do Deus Invisível...
A Porta que eu sempre vou abrir...
O Meu Salvador é indizível...
Do Pai, Filho Amado à seguir

Base Bíblica:
Hebreus 4:14
Romanos 11:26
1João 2:1
Apocalipse 5:5
Efésios 5:23
1Timóteo 6:15

2Timóteo 4:8
1João 10:7
Marcos 1:1,11
João 4:42
Colossenses 1:15

Cracolândia 3

Enquanto imperar a má droga...
E irmãos vivendo na sarjeta...
Deus há de frutificar a obra...
Deus enviará sua igreja

Vidas para pescar outras vidas...
Com iscas recheadas de amor...
A resgatar peixes nas esquinas...
E leva-los à casa do Senhor

O mar pode estar em tormenta...
Mas a pescaria vai avançar...
Deus, aos pescadores, alimenta...
Deixa-os fartos para trabalhar

No final, os cestos estão cheios...
Do bem, que nem dá para carregar...
Leva-se arrastado no peito...
Pois a pesca, jamais pode parar

Base Bíblica:
Tiago 2: 14-26

Servo de Cristo

Se penso ser, logo observo...
Sou nada, só tenho a ti, Senhor...
E um bocadinho dos meus versos...
Que Te reverenciam com fervor

Quando sinto que posso ser grande...
Pequeno volto, a me recompor
Pois nunca quero perder a chance...
De ficar contigo, meu Salvador

Eu me torno nova criatura...
Ao teu lado, Filho do Criador...
Carrego minha cruz de tortura...
Pois sei que no fim, serei vencedor

Minha sina é sempre Te seguir...
Estar de prontidão ao teu dispor...
Provar que Te amo tanto assim...
Com ação, oração e meu louvor

Base Bíblica:
2 Coríntios 5: 17

Pó

Senhor, dê-me uma revelação!
Mostre-me o mistério da fé!
Quero ser uma vaso em tuas mãos...
Catado da forma em que quiser

Que eu seja luz na madrugada...
Tal a lua no céu estrelado...
Possa viver em tua morada...
Tal como a anjos principados

Minha conduta seja exemplo...
Para atrair mais seguidores...
E que meu corpo, sirva de templo...
A refletir teus muitos valores

Preciso ser reduzido a pó...
Veste-me com tua humildade...
Contigo, nunca me sentirei só...
Hoje até a eternidade

Base Bíblica:
Provérbios 15: 33   Mateus 5: 5
Provérbios 22: 4

"Perdonare"

Perdoemos o imperdoável!
Façamos como o mestre mandou!
Haverá prazer infindável...
Ao imitar o Filho do Senhor

Perdoar para ser perdoado...
E perdoar para se perdoar...
Pois quem não tem paz, está escravo...
Da punição que irá carregar

Não leve em conta, a ofensa!
Você, um dia, poderá errar...
Pagar o mal com mal, não compensa...
É prejuízo para se tomar

Perdoar sempre, não custa nada...
E ainda paga em gratidão...
À quem nos perdoou de graça...
E pela graça nos deu redenção

Base Bíblica:
Marcos 11: 25-26   Mateus 18: 21-22

Ouvinte de Oração

Entro no quarto, fecho os olhos...
Estou em completa concentração...
O silêncio sai dos meus poros...
Suados da minha meditação

É hora de conversar com Jeová...
Sem da boca, saírem palavras...
Sentir o que o Pai tem para dar:
Seu Espírito Santo sem marcas

Deus me ouve por telepatia...
Ele escuta meus pensamentos...
Vê meu coração com alegria...
Cuida de mim a todo momento

"On line" está, Sua permissão...
Sempre que eu pedir com Ética...
Chego perto Dele por transmissão...
Vou em ondas oracinéticas

Base Bíblica:
Mateus 6: 7-13

Talento de Deus

O que faço com o meu talento?
Como satisfaço a Quem me deu?
Será que sou um vão sonolento?
Qual a forma de agradar a Deus?

Jeová, quero sabedoria...
Para que eu possa te servir mais...
Ache em mim, bela mercadoria...
Valorosa que tanto O compraz

Rendo-me a ser o teu escravo...
Para livre do pecado, estar...
No coração, teu querer, eu gravo...
Tal tatuagem a se eternar

Desço até o último degrau...
E cavo, se assim, for preciso...
Se para ti, for isto, vital...
Se para mim, vier teu aviso

Base Bíblica:
Isaías 6: 8

Escatologia

Mais um mar de Escatologia...
Neste ar apocalíptico...
Luz solar para Teologia...
Saber dum modo analítico

Embora aconteçam os sinais...
Ainda assim, não entenderão...
Os que estiverem longe demais...
De quem é O Autor da Salvação

Quem será o pseudo profeta?
Como perceber o anticristo?
Qual besta o servirá na Terra?
O mal chegará num imprevisto?

Não importa se o dragão dá nós...
Jeová, todos eles, desata
Os que seguem Jesus, não estão sós...
E louvam: "ora vem, Maranata!"

"A noiva" permanecerá fiel...
Mesmo nos dias da tribulação...
E o Noivo virá com um anel...
Para selar a santa união

Base Bíblica:
Apocalipse 13

Paisagem Divina

Daqui de cima, vejo árvores...
Cobertas por nuvens flutuantes...
Que beijam céu azul tão ágape...
Sendo o tom mais aconchegante

O calor e a luz do sol vestem...
Toda a paisagem natural...
Enquanto os pássaros investem...
Em mais um voo sensacional

O vento alisa minha pele...
Parece mais um sopro divino...
É motivação que me impele...
A fazer para Deus mais um hino

É tempo para poder refletir...
Pensar nas coisas que o Pai criou...
Como tudo veio a existir...
E na esperança do Salvador

Base Bíblica:
Salmos 139: 13-14

Corajosos

Corajosos doam suas vidas...
Pregam juntos, a palavra de Deus...
Sem se importar com as feridas...
Que podem sofrer com alguns ateus

Corajosos apoiam a todos...
Quando o medo quer ser mais forte...
Se um irmão está pesaroso...
É vital que o outro conforte

Corajosos ousam renunciar...
Assim como Jesus, renunciou...
Tentando sempre agradar...
Exercitando graça e amor

Corajosos são homens que tem fé...
Fiéis pilares da Congregação...
Que fazem o Corpo ficar em pé...
Mesmo diante da tribulação

Base Bíblica:
Josué 1: 7   2Timóteo 1: 7

Papai Noel de Verdade

Meu Papai Noel não usa trenós...
Seu Espírito flui livremente...
Por isso, sei que nunca estou só...
Pois bem o sinto inteiramente

Meu Papai Noel não tem presentes...
Está presente em minha vida...
Maravilhoso Onipresente...
Da chegada à minha partida

Meu Papai Noel não faz vontades...
Ele não atende meus pedidos...
Sabe da real necessidade...
E só me dá o que eu preciso

Meu Papai Noel não é ilusão...
Mas sim, a nua realidade...
É começo e a consumação...
Pois é meu Deus de Eternidade

Base Bíblica:
Jeremias 32: 17

Papai Noel de Verdade 2

Meu Papai Noel me tem afeto...
Igual a um filho estimado...
Não brinca de amigo secreto...
Pois é meu amigo declarado

Meu Papai Noel não é velhinho...
Pois o tempo não o envelhece...
É tempo e próprio caminho...
E quem o segue, nunca perece

Meu Papel Noel não tem árvores...
Ele é a Árvore da Vida...
Guardada por muros de mármores...
Videira Verdadeira querida

Meu Papai Noel não matou perus...
Ao inverso, foi crucificado...
Provando ser o maior dos gurus...
Venceu a morte, ressuscitado

Base Bíblica:
João 15: 1

Papai Noel de Verdade 3

Meu Papai Noel não tem estrelas...
Mas por estrela, foi seguido...
Ajudou a criar as estrelas...
De Estrela da Manhã, é dito

Meu Papai Noel não cria rena...
Ele é bom Pastor de ovelha...
Que a cuida de forma amena...
E ela por Ele se espelha

Meu Papai Noel não é nórdico...
Seu limiar é extraterreno...
Sendo o Verbo apostólico...
Que anda todo globo terreno

Meu Papai Noel não desce chaminé...
Entra fácil pela porta da frente...
Pois é o convidado que tenho fé...
Que está ao meu lado desde sempre

Base Bíblica:
João 1: 1   João 10: 11
Apocalipse 22: 16

Liberdade de Verdade

Estava preso na escuridão...
Acorrentado em meus pecados...
Vivia em vasta escravidão...
Atormentado pelo diabo

Cego pelas coisas deste mundo...
Dei mais valor aos prazeres carnais...
Deixando de lado, o profundo...
Fui raso em dons espirituais

Até que nas águas, eu me joguei...
Depois do meu arrependimento...
Ali, que me encontrei com o Rei...
E passei a ter discernimento

O meu passado foi perdoado...
Agora estou, liberto na Luz...
Pelo Ungido abençoado...
Meu Mestre e Pastor que é Jesus

Base Bíblica:
João 8: 32   Mateus 28: 18-20
1 João 1: 9   Lucas 4: 18-20

Restituição?

Tantas perdas no ano passado...
Mas até aqui, Deus me ajudou...
Destas feridas, tem me curado...
Com Espírito Santo de amor

Deixei de fazer o que planejei...
Porém no final, deu tudo certo...
Muitas vezes, eu até pelejei...
Mas Jesus me guiou no deserto

Portanto, como posso reclamar?
Viraria um filho ingrato...
Só sou capaz de ao Pai, gratular...
E de seu Filho, ser um retrato

De Deus, não quero restituição!
Sei que sabe o que eu preciso...
Não dou a boca à lamentação...
Seria muita falta de siso

Base Bíblica:
1Samuel 7: 12

Brasas Vivas 3

Que nada de covid! Que nada!
A Casa do Pai não deve fechar...
E nem pode ser alienada...
Pelos que não querem colaborar

Crente com fé, enfrenta o medo...
Ouve o que Deus tem para falar...
Cumpre suas ordens, logo cedo...
E com amor, põe-se a pregar

Perseguições foram avisadas...
Pestilências para nos matar...
Não é hora de dar recuada...
Quem quer vencer, tem que perseverar

Ei, Igreja! Acorda Igreja!
Faça a vontade de Jeová!
Ei, Igreja! Acorda Igreja!
Acompanhados, devemos ficar

Base Bíblica:
Hebreus 10: 25   Mateus 24: 13

907 - Armado

Guardo minha arma onde estou...
Levo ela para qualquer lugar...
Corajoso do jeito que eu sou...
Pois sei que nela, posso confiar

Felizmente, só ando armado...
Alguns insistem em me criticar...
Sem ver este mundo arriscado...
Armados também, tinham que ficar

Enfrento todos meus inimigos...
Cada luta, consigo ganhar...
E mesmo quando fico sem abrigo...
Tenho a mesma para me salvar

Minha espada é meu escudo...
É com ela que vou me resguardar...
É a bússola que me acudo...
A Bíblia do Pai a me guiar

Base Bíblica:
2 Timóteo 3: 16-17

Sapatinhos de Lã

Que comportamento duvidoso!
Apressado em ser solícito...
O pai presente e cuidadoso...
Homem isento de ilícitos

O traje a rigor bem passado...
Ultrajes passados a apagar...
Tentando ser, por todos, amado...
Sem os seus pecados, querer pagar

Diz airoso a palavra de Deus...
Mas iroso, mostra sua face...
Provando que não faz parte dos seus...
Ao ser adúltero no enlace

Sempre se passando por ordeiro...
Camuflando a falsídia vã...
Um lobo em pele de cordeiro...
Calçado com sapatinhos de lã

Base Bíblica:
Gálatas 5: 9

Marcos

Li Marcos 8:34...
Vi que preciso declinar de mim...
Para seguir a Quem idolatro...
Quanto mais está perto do fim

Li Marcos 8:35...
O Espírito Santo me falou...
Que tenho que fazer com a afinco...
A pregação que Jesus começou

Li em Marcos 8:36...
Que minha alma pertence ao Pai...
Aquele, quem tudo no mundo, fez...
Vou servir enquanto a vida vai

Li Marcos 8:37...
Descobri que depois que faleço...
É escrita a grande manchete:
A vida eterna não tem preço

Base Bíblica:
Marcos 8: 34-37

Terceiro Dia

Não tinha mais expectativas...
Certo que não haveria mais perdão...
A Luz deu a iniciativa...
E em mim, não há mais escuridão

Vivia num deserto com sede...
Até beber da água da vida...
Que nem um peixe, caí na rede...
Do Bom Mestre Pescador de vidas

Eu era totalmente insosso...
Contudo hoje, salgo a terra...
Pois sigo O Rei Glorioso...
No caminho sem erros nem quedas

Soprepujado, nunca me achei...
Estava em completa aflição...
Foi quando a vitória, encontrei...
No terceiro dia, a Salvação

Base Bíblica:
Mateus 5: 13-16   Lucas 24: 5-7
João 4: 13-14

Daniel 3

Prefiro a fornalha ardente...
Do que deixar de servir ao SENHOR...
Nem que caiam todos os meus dentes...
Não ouvirei Nabucodonosor

Sei que Deus me dará livramento
Se não der, não perderei minha fé...
Esta fé, que é o meu alento...
Então só me prostro a YAHWEH

Venci a COVID-19...
Tenho motivos para festejar...
Perdi até o medo da morte...
Pois minha sorte, é de JEOVÁ

Quero ser que nem Abednego...
Ou que nem Sadraque e Mesaque...
Sem ao mundo, ter nenhum apego...
Mas para JAVÉ, grande destaque

Base Bíblica:
Daniel 3: 1-30

Fugi do Mundo

Desertei de Sodoma e Gomorra...
Meus olhos não virarão para trás...
E então, minha alma não morra...
Por desrespeitar ao PAI bem demais

Não vou voltar para o Egito...
Nem serei escravo de faraó...
Hoje tenho, O Melhor Amigo...
É por isso que não me sinto só

A Babilônia, abandonei...
Para fazer parte de Israel...
Foi o primeiro passo que eu dei...
Na tentativa de chegar ao céu

Desisti das tradições de Roma...
E das regras dos fariseus...
A minha fé estava em coma...
Mas fui salvo pelo Filho de DEUS

Base Bíblica:
Gênesis 19: 26   Êxodo 15: 24
Atos 4: 27   Apocalipse 19: 26

Páscoa de Verdade

Não me prendo a radicalismos...
Decerto, seria um agouro...
Nem me rendo ao capitalismo...
Pois já tenho melhores tesouros

Não quero ir comprar nenhum peixe...
Nem tampouco estourar bonecos...
Mesmo que alguém não me aceite...
Preciso que ecoe meu eco:

Depois do Cordeiro no abate...
Deixei de esperar por coelhinhos...
Quebrei os ovos de chocolate...
Para provar do Pão e do Vinho

Minha fé vem do terceiro dia...
Na confirmação das Escrituras...
Pela ressurreição do Messias...
Eu me tornei nova criatura

Base Bíblica:
Mateus 20: 18-19   Mateus 28: 1-10

Vida de Pastor

Minha agenda está vazia...
Tenho muitos para escutar...
Não importa a hora do dia...
Estou disposto a ajudar

O PASTOR me guiou a ser pastor...
Preciso cuidar destas ovelhas...
Proteger com todo o meu amor...
Tal o mel é por guardas abelhas

Não posso me ufanar do que sou...
Já que nasci para ser escravo...
O que recebi, de graça, eu dou...
Pois a Graça me tem sustentado

Esta é a minha grata missão...
Tentarei de tudo para cumprir...
Mesmo que eu caia em aflição...
Levantarei Pelo que há de vir

Base Bíblica:
Mateus 28: 19-20

A Outra Face

É melhor perder a mera razão...
Do que perder um velho amigo...
Quem é gerido pela emoção...
Coloca a vida em perigo

Não adianta querer se vingar...
O jeito é dar a outra face...
Cristão tem reputação a zelar...
E não cai por qualquer veleidade

Tem que ser pronto para perdoar...
Aquele que está em revolta...
Quem não sabe aonde vai chegar...
Vê que amar, é caminho sem volta

Paz aos que são novas criaturas!
Paciência aos nossos irmãos!
Nossa justiça vem das alturas...
Esperemos do PAI, a solução!

Base Bíblica:
Lucas 6:29   2 Coríntios 5:17

Carpinteiro Salvador

Ele passou no vale da morte...
Quase caiu do despenhadeiro...
Saiu ileso, mas não por sorte...
Quem o salvou, foi o Carpinteiro

Quando todas as portas fecharam...
Viu a presença do filho de Deus...
Bebeu da luz que muitos sonharam...
E nesse dia se arrependeu

O céu está em comemoração...
Mais um crente foi recuperado...
Depois de viver na escravidão...
Acorrentado pelo pecado

Agora, prova da liberdade...
Sente o bem de estar em Cristo...
A verdadeira felicidade...
Que das ovelhas, é bom aprisco

Base Bíblica:
Salmos 23: 4
Lucas 15: 7

Marcos 6: 3
Gálatas 3: 27-28

Herança no Senhor

"O que deixarei depois que morrer?"
"Quantas casas meus filhos herdarão?"
Esta busca incessante do ter...
Faz o ser esquecer a SALVAÇÃO

Que minha herança seja moral!
Lembrada pela minha família...
Sendo a propriedade banal...
Sem rixas na hora da partilha

Assim dirá o testamenteiro...
Do enterro que defunto, serei:
O amor esteja em primeiro!
Tal como está escrito na LEI

DEUS concedeu tudo que precisei...
Embora, não merecesse nada...
Por isso, o muito pouco que sei...
Pregarei até sua chegada

Base Bíblica:
Mateus 28: 19-20

Herança do SENHOR

Não me encanto por diamante...
Nem por dinheiro, prata ou ouro...
Família é mais importante...
Ela é quem é o meu tesouro

Esta dádiva, bem agradeço...
É o que me faz ser o ser mais rico...
Nela, guardo todo meu apreço...
E todo meu carinho, dedico

DEUS me deu uma incumbência...
Dela, não posso me abdicar...
De usar Sua sapiência...
Para o meu lar, administrar

Não com força, nem violência...
Mas com fé, zelo e muito amor...
Cedendo total paciência...
A herança dada pelo SENHOR

Base Bíblica:
Zacarias 4: 6   Salmos 127: 3-5
Salmos 128   Provérbios 17: 6
Mateus 6: 21   Tiago 1: 17

Pai Zelador

Tu és minha rocha protetora...
Nos meus embates, Combates por mim...
Livrando-me das mãos opressoras...
Dando ordens até aos serafins

Meu corpo pede teu Espírito...
Fraco sou, se estou longe de ti...
O desespero é explícito...
Chega a parecer que não tem fim

Tal o peixe precisa do rio...
Assim necessito do teu amor...
Quando eu me encontro vazio...
Logo me sacio com teu primor

Deste-me Jesus para me salvar...
Sendo eu, um mísero pecador...
Por isso não me canso de louvar...
Jeová, tu és meu Pai Zelador

Base Bíblica:
João 3:16

Desafio Aceito

Entrego-te minha preocupação...
Trilhe o chão que posso pisar!
Bom Pai que é Rei de superação...
Mostre o lugar que devo andar!

Se o Senhor não for meu Herói...
Não encontrarei alternativa...
Sem ti, meu carro fica sem faróis...
E o meu barco vai à deriva

Mapa que me leva ao tesouro...
Bússola que acho o caminho...
Se vem o perigo, o socorro:
O teu conjunto de pergaminhos

Não tenho medo de desafios...
Sempre acho quem batalha por mim...
Teu cuidado nunca é tardio...
Pois é bem feito por seus querubins

Base Bíblica:
Salmos 83:18

Servo ao Rei

Cresço quanto mais eu diminuo...
Só para estar com o teu amor...
Devasto-me e me reconstruo...
Só para chegar perto do Senhor

Coloco em ti, minhas aflições...
Não consigo sem o teu cuidado...
Sigo fielmente tuas lições...
Meu desejo é ser teu escravo

Use-me para tua obra!
Ache favor em mim cada vez mais...
Pois a quem mais se dá, mais se cobra...
Então redobra teus dons reais!

Para tua mensagem, divulgar
Quero que no teu servo, aposte...
Peço teu Espírito sem cessar...
Igual ao Dia de Pentecostes

Base Bíblica:
Atos 2: 1-4

Ouvinte de Oração 2

Feche os olhos! Esvazie-se!
Liberte-se de tudo e todos!
Peça perdão! Reconcilie-se!
Conserte-se! Limpe os seus lodos!

Humildade tem que vir do cristão...
Em qualquer ida ou idade...
Joelhos dobrados, rosto no chão...
Grande é Sua Santidade

Este é o teu momento a sós...
Entregue-se a Sua Vontade...
Não seja que nem um bicho feroz...
Agindo só por necessidade!

Deus não quer oração sem coração...
Nem repetição no seu Juízo...
Ele ouve, se faz com emoção...
E acata quando é preciso

Base Bíblica:
Mateus 6: 6-15

Parábola do Semeador

Vão te levar para o seu ninho...
Passarinhos que querem te comer...
Pois é ser à beira do caminho...
Vazio vazo a ter que encher

No meio das pedras, pode estar...
Num lugar que não crie raízes...
Com deslizes que devem te ceifar...
Se não sarar tuas cicatrizes

Espinhos tentarão te sufocar...
Por amar as coisas deste mundo...
E bem imundo, você ficará...
Pois cairá num vão mais que fundo

São os sãos que pregam a Palavra...
Quem Lavra é o Bom Semeador...
O Seu Amor não se escalavra...
Pois apalavra o Pai Criador

Base Bíblica:
Mateus 13: 3-23

"Shell" da Minha Vida

Tal qual uma abelha rainha...
Provaria de todo o teu mel...
Mas quem Contigo não se alinha...
Amarga-se com o gosto do fel

Quando eu estiver com feridas...
Faça da tua palavra, meu gel!
Algumas vidas estão perdidas...
Mas em Ti, nunca estarão ao léu

Com amor, Deste-me o Cordeiro..
Para que assim, rasgasse o véu...
Por isso, preciso ser ordeiro...
Para poder alcançar o teu céu

Resgate-me com asas fecundas!
Enquanto eles me fazem de réu...
Proteja-me das águas profundas!
Jeová, seja para mim, um "Shell"!

Base Bíblica:
João 3:16   Hebreus 9

O Amém

Quero comer do Pão do Céu...
Para eu nunca mais sentir fome...
Por causa Dele, rasgou-se o véu...
Hoje há esperança ao homem

Quero beber da Água da Vida...
Para eu nunca mais sentir sede...
Jesus Cristo é minha saída...
Por Ele, vou lançar minha rede

Quem não o busca, está vazio...
Que nem odre novo sem bom vinho...
E quem não o tem, está sozinho...
Tal qual pássaro fora do ninho

O Filho do Homem é a graça...
Só Nele, achamos a salvação...
Todo mal sempre desembaraça...
Quando o Amém é a solução

Base Bíblica:
João 6: 48
Marcos 1: 17
Apocalipse 3: 14

João 4: 14
Mateus 20: 28

Chamado de Deus

Sem receio de nenhum agravo...
Desejo fazer tua vontade...
Sou livre para ser escravo...
Algemado à tua bondade

Não quero mais ser terra infértil...
Meus bons frutos, preciso produzir...
Nem ser mulher de ventre estéril...
Que não pode aos seus filhos, parir

Senhor, Pai querido e amado...
Quero ser bem operado por ti...
E quando eu tiver um chamado...
Tal Isaías direi: "Eis-me aqui"

Envia-me com teu Espírito!
Dai-me luz frente à escuridão!
Um amor que seja explícito...
Para persuadir a multidão!

Base Bíblica:
Isaías 6:8   Mateus 28: 19-20

Chamado de Deus 2

O lídimo crente não é morno...
Está sempre pronto para pregar...
Por isso Pai, põe-me no forno...
Do teu Espírito a me esquentar

Cansei de só ir ao templo...
Devo fazer parte da igreja...
Entendo que já está no tempo...
Do ide que o Senhor deseja

Não vou deixar de me ajuntar...
Brasas vivas aquecem a alma...
Mas chegou a hora de decidir...
Tenho que falar de quem me exalta

Coloca-me na cova dos leões!
Posso até ser crucificado...
Quero acatar tuas decisões!
Preciso atender teu Chamado!

Base Bíblica:
Isaías 6: 8   Mateus 28: 19-20

Chamado de Deus 3

Eu não quero perder a direção...
Posso ser atropelado...
Leva-me à via da salvação...
Bússola que sou orientado!

Cede-me a coragem de Davi...
Mas com um coração quebrantado...
Para que eu consiga incutir...
A fé que por ti, tenho mostrado!

Da Palavra, aprendi a lição...
O ide deve ser propagado...
Entrego minh'alma à tua missão...
Feito um noivo apaixonado

Sou teu soldado pronto a servir...
Faz meu espírito ser curado...
Capacita-me para te seguir...
Senhor, aceito o teu chamado

Base Bíblica:
Isaías 6: 8   Mateus 28: 19-20

Eclesiastes 1

Céu que não consegue ficar azul...
Sol entre as nuvens, escondido...
Canseira que vai do norte ao sul...
Assim, o sonhador tem vivido

Dinheiro para comprar presentes...
Energia gasta com ilusões...
Homem que planta as sementes...
Mas sem colher as motivações

São anos procurando ajuntar...
Tempo que escraviza a alma...
O árduo trabalho secular...
Busca por um punhado de palmas

Oh, corrida que não tem campeão...
É muito esforço para nada...
Chega ao final sem satisfação...
Frustração ao cumprir a jornada

Base Bíblica:
Eclesiastes 1

2022

Pela Fé, o ser passa a servir...
Disso não há o que questionar...
Aí está, razão de existir...
E motivo para continuar

É tempo de confraternização...
Corações jubilam a palpitar...
Sonhando com a realização...
Dum futuro que vem logo, chegar

Os desejos de paz se repetem...
A esperança tende a brilhar...
Pois as boas ações se remetem...
Ao que veio para nos ensinar

2022 de amor...
Um Ano Novo para começar...
Abrir os braços ao Bom Salvador...
E no seu Caminho, perseverar

Base Bíblica:
Mateus 24: 13

É Deus

Houve tempo que achei na sorte...
Aporte para tudo na vida...
Achando guarida e passaporte...
Com transporte somente de ida

Depois me vendi a vaidade...
Vi beldade no merecimento...
Dando sustento à caridade...
Vendo verdade no julgamento

Em seguida, entreguei-me a fé...
Até achar nela, a solução...
Sem noção, nadei nessa maré...
E dancei o balé da frustração

Quem sou eu, para algo, merecer?
Um ser de pouca fé entre os seus...
Quereres meus de sorte, não vou ver...
Pois o meu ter, vem da Graça de Deus

Base Bíblica:
Romanos 3: 24

O Melhor Certificado

Um ano com plano de leitura...
Da altura de Quem está no Céu...
Do véu rasgado pós a tortura...
E Cristo com cura, ter o troféu

Gênesis a Apocalipse...
Em sinopses da vinda do Rei...
Sei deste filme em eclipses...
E elipses que sempre verei

A vida do homem num luzeiro...
Num cruzeiro do fim à criação...
A salvação que vem do Herdeiro:
O Segundo e Último Adão

Ele foi grande, ao ser o menor
O Filho de Deus biografado...
Do Livro que de todos, é maior...
Ganhei o melhor certificado

Certificado da Leitura da Bíblia do ano de 2021:
O maior e melhor de todos

Base Bíblica:
2 Timóteo 3: 16

Sexta-Feira Santa

A glória de Deus com sua morte...
Neste dia que deve ser lembrado...
Do seu castigo, sendo o mais forte...
Que um homem pode ter suportado

Vejo "reggaes" a vinho, regados...
Enquanto o sangue é esquecido...
Pão de alho no churrasco assado...
Fazendo o corpo, amortecido

Que valor teve o sacrifício?
Por que não carregamos a sua cruz?
Falta de fé, é nosso ofício...
Ao não fazer o ide do bom Jesus

Somos ingratos, isso muito, eu sei...
Para Aquele que é o Caminho...
Ao Escolhido para ser Rei dos reis...
Damos uma coroa de espinhos

Base Bíblica:
Lucas 23: 33-43

Missão de Cristo

Ele veio para pagar a promissão...
Ao atender seu Pai em submissão...
Em nosso lugar por expromissão...
Para conseguir nossa manumissão

O seu calvário nos deu remissão...
Destarte, de nos julgar, tem permissão...
De matar ao que foi a intromissão...
E de calar quem anda em omissão

Fez da sua voz, a luz em transmissão...
Pois nunca agiu com pretermissão...
A nós, só nos cabe a retransmissão...
Na fé em ter no céu, a admissão

Da vida, fizeram sua demissão...
Por isso, armaram uma comissão...
Mas no terceiro dia, a readmissão...
E assim, Cristo cumpriu sua missão

Base Bíblica:
Os quatro primeiros
Livros do Novo Testamento

Acorda, Igreja!

Homens com seus bezerros de ouro...
Crentes cheios de idolatria...
Esvaziam-se com seus tesouros...
Causando na fé, assimetria

Prontos para o espetáculo...
O bom show de horrores, começa...
A plateia do tabernáculo...
Imita atores duma peça

Muitas poses com os seus artistas...
Nenhuma foto a tirar na cruz...
Alguns que se afirmam Batistas...
Mas com pouca relação com Jesus

Acorda Igreja! Acorda Igreja!
Está próximo o tempo do fim...
Acorda Igreja! Acorda igreja!
Desperta para plantar teu jardim!

Base Bíblica:
Êxodo 20: 3-4   1 Coríntios 10: 14
Gálatas 5: 19-21

15 de Maio

Deus me deu esta perfeita missão...
De com ação, minha prole, cuidar...
Em alto mar ou na tribulação...
Cristão ao Cristo, deve imitar

A palavra deverei inculcar...
Aonde eu vá com os meus filhos...
Tal andarilho a peregrinar...
Até achar a Luz de Teu Brilho

Devo salvar minha parentela...
E com ela, ao Pai, poder chegar...
Escoltar igual a sentinela...
Que sua tutela há de guardar

Esta vigília me irradia...
Com ousadia falo sem pesar:
Apesar de ser todos os dias...
Viva o dia da família!!!

Base Bíblia:
1 Timóteo 5: 8   Deuteronômio 6: 1-7
Atos 16: 30-31   Josué 24: 15
Efésios 5: 25

Meu Quá Quará Quaquá

Vejo no tempo, sabedoria...
Com autoria do Pai Celestial...
Sendo real toda harmonia...
E alegria por tê-lo leal

Humildade é busca constante...
Diante da arrogância má...
Que faz separar bobos pedantes...
Por serem falantes em se gabar

A vida se consagra na morte...
Tal transporte apenas de ida...
As feridas servem de suporte...
Para ser forte na despedida

Só para descansar no remanso...
Eu já não me canso de perdoar...
Na certeza de estar mais manso...
Hoje danço, meu Quá Quará Quaquá

Base Bíblica:
Salmos 147: 11   Salmos 130: 7
Eclesiastes 7: 1   Eclesiastes 7: 8
Provérbios 16: 18   Provérbios 29: 23

Supremacia Da Fé Cristã

É primordial a Bíblia, ler...
Não só ler, como também, aprender...
Não só aprender, mas compreender...
Ao compreender, passa-se a crer...

Mas só crer, não faz de novo, nascer...
Pois nascer, requer do mundo, morrer...
Para morrer, a fé tem que crescer...
Deve crescer com obras a fazer...

Fazer da pregação, um bem querer...
Querer, para outros, converter...
Converter a tantos que possam ter...
Para ter remição pelo dever

Mas o dever não nos dá redenção...
A solução vem da graça, colher...
Ao obter os frutos da salvação...
Pela ação do resgate, vencer

Base Bíblica:

2 Timóteo 3: 16	João 5: 24
Mateus 16: 25	João 3: 3
Mateus 28: 19-20	2 Crônicas 7: 14
Efésios 2: 8-10	Gálatas 5: 22-23
1 Coríntios 15: 21	

Vau de Jaboque

Sim! É a sós que nos encontramos...
E conversamos sem nenhum falar...
Pois é no pensar que nos amamos...
E atestamos um bem a cuidar

É hora de receber o perdão...
Com retidão, também se perdoar...
É preciso levar este pendão...
Desde o Sudão até o Catar

Deixe Jacó para ser Israel!
Transforme em Peniel o teu lar!
Que teu orar possa subir ao céu...
Até a face de Deus, encontrar!

Atravesse o Vau de Jaboque...
No toque do Pai a te manquejar!
Comece a lutar, na fé, foque!
Invoque o nome de Jeová!!!

Base Bíblica:
Gênesis 32:22-32

Pescaria Verdadeira

O barco procura águas fundas...
Se quer boa pesca, alcançar...
Ao pescar, o crente aprofunda...
E abunda a fé em Jeová

Para chegar ao caminho da Luz...
Jesus me mandou a rede, jogar...
A pegar homens que ele conduz...
E induz ao seu Pai se achegar

Pois desta rede, nós somos os nós...
Quiçá anzóis, a bons peixes, fisgar...
É no lar, quando estamos a sós...
Que ouvimos a voz que vem de Jah

Quero estar sempre escutando...
Velejando onde o Rei me mandar...
Em qualquer lugar, bargas, alçando...
Catando peixes para Deus limpar

Base Bíblica:
Lucas 5: 1-11   João 21: 6,

Dor de Cotovelo

José foi vendido pelos irmãos...
Por aversão, Caim matou Abel...
Lia para Raquel, foi aflição...
Jesus, então: voltou para o Céu

Fulanos dizem que ela mata...
Que enfarta a outros beltranos...
Sicranos percebem que é nata...
A falha chata de muitos "zutanos"

Pobre de ti por não estar feliz...
Fazendo-se atriz bem contente...
Não sente gozo pelo que eu fiz...
Mal não condiz com gente decente

Por que este sorriso sem graça?
Feito traça à roupa, estragar...
Tenta embaçar minha vidraça...
Com a fumaça do teu invejar

Base Bíblica:
Gênesis 4 1-12   Gênesis 30: 1
Gênesis 37:28   Mateus 23

Meu Talismã

Poderia consultar o tarô...
Ou ir num xangô, quiçá ver búzios...
Alguns algúrios para expor...
A dor dum ser macambúzio

Médiuns para saber o passado...
Videntes para prever o destino...
Cretinos homens, apavorados...
Pelo fado de viverem sem tino

O Deus que eu acredito, prediz:
Diz do ontem, hoje e do amanhã...
É meu divã e minha mola motriz...
O Maior Juiz e Melhor Talismã

Aquele que sigo, não fala quem sou...
Seu grande amor, foca no que serei...
Rei dos reis e dos senhores, Senhor...
O bom redentor que sempre servirei

Base Bíblica:
Levítico 19: 31
Atos dos Apóstolos 16: 16-18
Reis 21:6
Apocalipse 1:8
Jó 37: 23
Apocalipse 17: 14

Deuteronômio 18: 9-12
Levítico 20: 6 2
1 Crônicas 10:13-14
Salmos 115: 3
João 8:11
Apocalipse 19: 16

Água da Vida

Ele espera o certo tempo...
Do arrependimento sincero...
Seu amor tem esmero sustento...
É alimento que bem venero

Jesus sempre vê em mim, o melhor...
Por pior que eu faça parecer...
Apesar em ser de todos, o maior...
Fez-se o menor para o meu viver

Não posso ser ingrato com Cristo...
Então insisto nessa decisão...
Sem sua direção, inexisto...
Por isso, visto minha salvação

Imergi n'água para a morte...
Emergi d'água para a vida...
Deus deu seu Filho como meu norte...
Esta é minha sorte mais querida

Base Bíblica:
Lucas 5: 31-32   Hebreus 2: 9
Atos 2: 38   João 3: 16

Apenas Mais Uma de Perdão

Mesmo com nuvens, o céu vai abrir...
É tempo para pedir desculpas...
Até sem culpa, cumpra o devir...
Seja ser a servir quem te inculpa!

Para que guardar ressentimentos...
Dos momentos que foram frustrantes?
Mate angustiantes lamentos...
Com fomentos de luz abundante!

"Amai aos vossos inimigos!"
"Dá abrigo a quem tem fome!"
O Filho do Homem fala isso...
Pois tem compromisso com os homens

Setenta vezes sete por dia...
Setenta vezes sete de perdão...
Do vero cristão, a harmonia...
E única via à oração

Base Bíblica:
Mateus 5: 20-26   Mateus 18: 21-22
Mateus 25: 35-45

Sete Pecados Capitais

Inveja dum ser que come demais...
É cais para ancorar a ira...
Quem mira na preguiça dos demais...
Não vê sinais que o mundo gira

Oh vaidade, mãe perigosa...
De gente ociosa a luxar...
O lixar das unhas de mãos morosas...
Com cheiro de rosas, mas sem um par

Infeliz do homem arrogante...
Ignorante do amor de Deus...
Em seus caminhos angustiantes...
Cai antes de chegar ao apogeu

Do bem do Pai, ele se afasta...
E nada basta ao seu coração...
Sua ação é toda nefasta...
Pois devasta tudo por ambição

Base Bíblica:
Provérbios 9: 10   Provérbios 16: 19

Igreja Dividida

Qual é o real objetivo?
Quais adjetivos vamos buscar...
Para aprovar substantivos...
Receptivos a Deus, agradar?

Quem quer ser maior, seja o menor...
E o pior, será o primeiro...
Aos caros parceiros, ao seu redor...
Assim diz, O Melhor Carpinteiro

Levitas ou semideuses no chão?
Cadê o perdão tão bem louvado?
Que meu brado alcance adesão...
Do cristão que quer ser mui honrado!
Quando a Igreja se divide...
As armas do "mau" se multiplicam...
Pois em vez de praticar o ide...
Alguns irmãos se acidificam

Base Bíblica:
Lucas 22: 24-30   Mateus 12: 25

BIOGRAFIA

Elisiário Xavier Neto (Aracaju-SE, 23 de Maio de 1978), brasileiro, é um amante de poemas.

Filho de pais separados e educado por parentes da família de seu pai, desde pequeno veio morar em Salvador, sua paixão, embora tenha escolhido o Curso de Letras, formou-se Licenciado e Bacharel em Educação Física para agradar sua mãe que naquela época, estava enferma e que só o via como um professor nesta área.

Em seguida, fez uma Especialização em Gestão Prisional, já que o mesmo, é um Policial Penal concursado no Estado da Bahia.

Ele sentiu a necessidade de escrever a partir de uma desilusão amorosa, do seu trabalho hostil e por sentir piedade da situação lastimável em que se encontravam as pessoas privadas de liberdade, passando a compor inicialmente, versos sobre o cárcere e o amor, porém logo, o ato de escrever passou a se tornar um vício, e desde então, ele busca recitar sobre vários assuntos a partir da sensibilidade nas questões à sua volta e depois de sua conversão a Deus através dos ensinamentos de Cristo, começou a se inspirar também neste tema tão abrangente.

Seus escritos podem ser lidos através da conceituada Editora Edizioni WE, pela ilustre Revista da Academia de Cultura da Bahia, da qual tem muito orgulho de ser membro; também gratuitamente, em postagens no Instagram pelo nome **@poemeiropoeseiro** ou em publicações no Facebook de **Elisiário Xavier Neto.**

A COLABORADORA DA OBRA

Simona Adivíncula a nasceu a Salvador de Bahia, naturalizada italiana mora em Milão com o marido e a filha.

Escritora, romancista, poeta, jornalista freelance é membro da Academia de Cultura da Bahia.

Muito conhecida e apreciada, ela escreve há 25anos e tem bem 15 livros publicados em diferentes idiomas.

Ela é a fundadora do Grupo **"Escritores Brasileiros na Itália"**.

È a representante da Edizioni We no Brasil